El conde crápula

Una comedia de terror para morirse de risa

Joaquín Vázquez

CONTENIDO

ENTRE POR SU PROPIA VOLUNTAD,
ENTRE SIN TEMOR Y DEJE AQUÍ
PARTE DE LA FELICIDAD
QUE LLEVA CONSIGO

Con estas palabras recibía a su invitado el legítimo conde, el de Bram Stoker, a las puertas de un tétrico castillo perdido en medio de los Cárpatos, y todo con el objeto de hacerle pasar un mal rato.

Con palabras tan poco halagüeñas no se debe recibir a nadie, pero nuestro conde se ha apropiado de ellas para recibirles a ustedes, lectores atrevidos, a las puertas de este librillo con aspiraciones de comedia. Si se van a dejar aquí una parte de la felicidad que traen consigo, o por el contrario, la que traen de casa se la llevan multiplicada, como es deseo del conde, sólo al final del último acto se verá, en sentencia inapelable de cada cual.

Ciertamente, nuestro conde se sabe trasmutado en caricatura, en una interpretación vejatoria de un personaje sublime, y por eso clama indulgencia hacia su persona. Las malas artes de los que le rodean y la mala leche del autor, le han convertido en un esperpento, en un muerto viviente de risa y él, impotente, se pregunta si puede haber mayor canallada. Asegura que sus pretensiones en la vida, o en la muerte vivida, han sido las mismas que las de su excelso rival; sin embargo, las de aquél imponen terror y turbación, las suyas, son objeto de chanzas y burlas. Él dice que la culpa es del resto de los personajes y de quien les ha dado vida, porque en los tiempos que corren ya no hay respeto. Ve con indignación cómo quienes confraternizan con el verdadero conde se angustian, odian y matan con dignidad, mientras que cuantos pululan alrededor suyo, si se angustian no es precisamente por miedo a su poder, y aunque odian y matan lo hacen con desvergüenza. Nuestro conde se pregunta si es porque aquello es una novela seria y esto una comedia de tres al cuarto que él, por voluntad propia, nunca hubiera querido protagonizar. Entre unos y otro le han hecho perder el decoro, le han llevado a remolque de sus bellaquerías y han destapado inmisericordemente sus más íntimos secretos.

A pesar de los pesares, nuestro conde, a la sombra de un mito del terror, pide su minuto de gloria.

¡Pobre conde!

II

PERSONAJES

Conde "crápula"

Un vampiro atípico, arruinado por libertino y derrochador, resignado a su condición de no muerto insolvente. Tiene poco pelo y alborotado, es alto, delgado, enjuto, de rostro pálido, labios rojizos, nariz aguileña y dientes afilados. Siempre viste de negro, con capa del mismo color y vivos en blanco. Odia el ajo y sus derivados. En el fondo no es demasiado monstruoso, pero cumple con el arquetipo de los de su calaña.

Lalova (ama de llaves)

Mujer de carácter desabrido y aspecto tétrico. De hablar pausado, oído atento, sigilosa y reservada a conveniencia. Viste de negro.

Aigor (lacayo)

Bajito, rechoncho, contrahecho y un poco jorobado, feo a rabiar y más bien taimado y socarrón. Viste jubón con capucha sujeto a la cintura con una cuerda.

Pelelov (alcalde de la aldea)

Individuo apocado, de carácter pusilánime y apariencia enclenque. Su aspiración en la vida es no hacer nada que irrite a su mujer.

Basilisca (mujer del alcalde)

Mujer hombruna y corpulenta, de fuerte carácter. Gobierna con mano de hierro los asuntos de la casa y también los de la aldea por el terror que infunde a su marido y a cuantos tiene alrededor. Sobre su ropa de campesina porta siempre al cinto un rodillo de amasar.

Pimpollova (hija atractiva del alcalde)

Hermosa joven objeto del deseo del conde. Astuta, taimada y manipuladora. Es pretendida también por Candidovich.

Mostrenkova (hija fea del alcalde)

Muchacha regordeta, tirando a fea y simple. Celosa de las predilecciones pasionales hacia su hermana, hasta el punto de convertirse en valedora del conde.

Candidovich (pretendiente)

Mozo de la aldea pretendiente de Pimpollova. Un poco ingenuo y maleable, va a remolque de las maniobras de su pretendida.

ACTO PRIMERO

La escena acontece al anochecer, en una habitación del castillo del conde, en Transilvania. El aposento tiene una ventana a la izquierda, una mesa con sus sillas y se adorna con un cuadro de Vlad Dracul. El conde dormita en el interior de una caja de cartón que hace las veces de ataúd. Entra Aigor por una puerta chirriante situada a la derecha, portando un candelabro para iluminar tenuemente la estancia.

ESCENA PRIMERA *(El conde y Aigor).*

Aigor:

¡Señor conde, señor conde…! *(Golpea con la mano la caja de cartón donde duerme el conde).* Espabile que ya

ha anochecido. *(Vuelve a golpear metiendo la cabeza hacia el interior de la caja)* ¡Arriba, que es la hora!

El conde:

(Sale torpemente del interior de la caja de cartón y cuando lo consigue olfatea el aire). ¿A qué huele aquí? ¡Mal rayo te parta Aigor, maldito holgazán! ¡Has vuelto a cenar ajo!

Aigor:

¡Anda con su excelencia!, pues qué quiere que cene si la despensa está vacía.

El conde:

Te daba así… *(hace ademán de golpear a Aigor)* ¡Serás gañán! ¿Cómo osas replicar a tu amo? ¡Sabes de sobra que el ajo repele a los de mi alcurnia!

Aigor:

Perdone el señor conde, mañana en vez de ajo cenaré cebolla, si alguna queda, para así no ofender a la nobleza de sangre.

El conde:

(El conde se agacha, saca de la caja un orinal y se lo da a Aigor) ¡Toma!, llévate esto y tíralo por ahí.

Aigor:

Pero... ¿qué guarrada es ésa?

El conde:

Pis

Aigor:

Oiga... ¿y no podía hacer el señorito como todo el mundo?, levantarse para ir a mear a las letrinas.

El conde:

Cuantas veces te tengo que decir que no me puede dar la luz del sol.

Aigor:

Pues entonces vaya por la sombra.

El conde:

Yo orino donde me da la gana.

Aigor:

(Aigor se acerca a la ventana, arroja los orines y grita) ¡Agua vaaaa! ¡las aguas menores del condeeee!

El conde:

¡Menos guasas, Aigor!, te veo un pelo marrullero esta noche.

Aigor:

Pudiera ser, es que no como.

El conde:

Y maldita la falta que te hace… ¿no ves cómo te estás poniendo?

Aigor:

¿Y dónde me miro…? si en este castillo ya no quedan espejos.

El conde:

Para qué queremos aquí espejos, sólo reflejan lo negro del alma.

Aigor:

Pues al señorito no se le refleja ni negra ni blanca.

El conde:

¡Cállate ya, insolente! Sabes que puedo

destruirte.

Aigor:

Sí, como hizo con los espejos.

El conde:

Malhaya la madre que te... ¡cierra esa bocaza ya!

Aigor:

No se altere su excelencia, que luego se le sube la tensión.

El conde:

¡Qué mala sombra tienes, Aigor!

Aigor:

¡Ja! Ésa es otra, porque el señor no se ha de pisar la suya ¿eh?

El conde:

Los que vivimos de noche no necesitamos sombra, ¡impertinente!

Aigor:

Ni reflejo ni sombra, ¡vaya fenómeno de amo!

El conde:

Nada más despertar me sacas de mis casillas, Aigor. Cualquier día te pongo de patitas en la calle.

Aigor:

Je, je... ¿Y de dónde va a sacar el señor otro criado que le trabaje por la comida? Y últimamente, ni eso. Y con los horarios tan raros que me tiene usted.

El conde:

Sabes que yo tengo derecho feudal sobre las gentes de la aldea. Me deben fidelidad y vasallaje, así que cualquier villano tiene la obligación de servirme.

Aigor:

Mire el señor conde..., que ya no estamos en los tiempos de su padre..., además, si se entera la Basilisca, que como bien sabe es la primera dama, que usted coge forzoso a uno del pueblo, lo muele a palos. Es maestra de esgrima con el rodillo de amasar.

El conde:

Qué poco conoces mi poder, Aigor.

Aigor:

Y usted menos el de la Basilisca. Pegunte, pregunte al señor alcalde...

El conde:

¿Vas a comparar tú a todo un conde de Transilvania con una campesina? Yo soy el dueño de las tinieblas, el señor de la noche.

Aigor:

¡Vaya que sí! Eso puedo jurarlo, porque casi todas las noches anda usted por ahí de parranda.

El conde:

¡Qué sabrás tú!

Aigor:

¿Si sabré yo? Pues sé..., sé lo que se dice en la aldea.

El conde:

¿Qué chismorrean en la aldea?

Aigor:

Dice el Ceaucescu, el pregonero, que anda usted

a altas horas de la madrugada persiguiendo mozas para chuparles la sangre y de paso chuparles lo que se tercie. Y también jura, por lo más sagrado, que la otra noche el señor conde se coló en forma de pajarraco en la habitación de la Pimpollova, la hija del alcalde, para picarle en el cuello. Y que de no haber sido porque su madre anduvo lista al oír ruidos sospechosos y subió como una gacela hasta el cuarto con el rodillo en ristre, la pobre muchacha no sé cómo hubiera terminado. Dice que usted escapó por la ventana por esa habilidad que tiene de hacerse murciélago, porque sino hubiera salido mal librado del lance. Es que la Basilisca anda últimamente un poco mosca, sabe usted, porque su hija está novia con el Candidovich, un mozo del pueblo, y no se fía un pelo de que se la desvirgue, y a usted le pilló de por medio.

El conde:

¿Y cómo puede saber el pregonero todo eso? ¿Acaso estaba allí?

Aigor:

El pregonero es primo de la Basilisca y algo le habrá contado.

El conde:

Ya, bueno..., esto..., ¿qué hay de cenar?

Aigor:

Pues poca cosa, imagino, pero de su cena se encarga Lalova. ¿Quiere el señorito que la llame?

El conde:

Sí, llama al ama de llaves, a ver qué sorpresa me tiene preparada.

Aigor:

¡Lalovaaaaaa! *(Grita con fuerza y el conde da un respingo del susto).*

El conde:

¡Maldita sea tu estampa, Aigor! ¿Cuántas veces te tengo que decir que no grites así en mi presencia?

Aigor:

Si no grito no se ha de enterar, ya sabe que Lalova está un poco teniente.

El conde:

Pues te vas a buscarla y sin dar voces. ¡Fuera de

aquí!

Aigor:

(Sale Aigor de la habitación mientras murmura) Estos señoritos de los cojones no son tiesos ni nada: Aigor, no comas ajos; Aigor, no chilles; Aigor, no eructes; Aigor, no te ventosees en mi presencia. ¡Qué mierda de gente!

El conde:

Ese imbécil se cree que no le he oído. Cualquier día se lo echo de comer a los lobos. Todo se andará.

TELÓN

ESCENA SEGUNDA *(El conde y Lalova. Lalova accede a la habitación sigilosamente y se sitúa tras el conde sin que éste se percate. Lleva en la mano una talega que contiene algo).*

Lalova:

(En voz alta) ¿El señor conde reclamaba mi presencia?

El conde:

¡Ahhhh! *(Se sobresalta y vuelve a dar un respingo)* ¡Coño! ¿Es que me queréis matar? ¿No os tengo dicho que se llama antes de entrar?

Lalova:

En tiempos del padre del señor conde la ama de llaves tenía paso franco a todo el castillo.

El conde:

Y si me pillas en la letrina... ¿qué?

Lalova:

Lo que esconde el señor conde está todo reseco ya.

El conde:

(Ofendido) ¡Sabrás tú cuáles son mis poderes! ¡Tú sí que estás reseca!

Lalova:

Reseca de tantos años de servicio al señor conde.

El conde:

Bueno, bueno... no te pongas dramática. ¿Qué tengo preparado esta noche para cenar?

Lalova:

Poca cosa. De sobra sabe el señor en la situación en que nos encontramos.

El conde:

Sí..., pero algo habrá ¿no?

Lalova:

Algo hay. ¡Esto! *(Le enseña la talega).*

El conde:

¿Qué es eso?

Lalova:

La cena de usted *(abre la talega y saca un gato muerto).*

El conde:

Pero... *(enfurecido)* ¿qué ultraje es éste? ¡Un gato muerto!

Lalova:

Todavía está caliente. Lo acaba de atropellar un carro de zíngaros a la puerta del castillo.

El conde:

(Exaltado) ¡Que el diablo me lleve! ¿Cómo me voy a cenar un gato muerto?

Lalova:

Aproveche ahora, que la sangre aún no se ha coagulado.

El conde:

¡Se me va a llenar toda la boca de pelos!

Lalova:

Mire el señor a lo que hemos llegado por su despilfarro.

El conde:

¡A mi padre se le ofrecía para cenar el cuello de una doncella...!

Lalova:

Su padre tenía los arcones llenos de monedas

de oro, ahora sólo hay telarañas.

El conde:

¿Y qué pasa con nuestro ojeador en la aldea, ése que nos proporciona doncellas?

Lalova:

Pasa que como no cobra hace meses, dice que si quiere doncellas que baje usted a por ellas, y por lo que tengo entendido, el señor conde salió escaldado de su último intento.

El conde:

¡Cómo nos vemos!

Lalova:

Por su mala cabeza. Y para mañana sólo quedan un par de ratones, con guarnición de moscas y arañas.

El conde:

Yo, el hijo de Vlad Dracul *(señalando al cuadro)*, chupándole la sangre a un gato muerto. ¡Qué vergüenza!

Lalova:

Haberlo pensado antes. Cuando se va por las

noches al casino de Budapest en traza de murciélago con una bolsa de monedas de oro colgando para derrocharlas, no se le pasa por la cabeza que de donde se saca y no se mete, enseguida se ve el fondo.

El conde:

Síííí..., y llego al casino molido del peso.

Lalova:

Y vuelve al castillo más ligero que una mariposa.

El conde:

Es que no estoy en racha.

Lalova:

Será que los dados están cargados.

El conde:

¡Por éstas!..., el crupier me da muy mala espina.

Lalova:

El señor conde debería saber que la banca siempre gana.

El conde:

Tú no entiendes de casinos. Yo apuesto a rojas, el color de la sangre y luego apuesto a negras el color de la noche.

Lalova:

¡Qué vicio tenemos con la ruleta...!

El conde:

Sí, sí, y después a pares y al rato a impares. Y la ruleta gira y gira...

Lalova:

Y la bolsa se vacía y se vacía...

El conde:

Sabrás tú las reglas del azar.

Lalova:

Y de paso cae algún copazo...

El conde:

A ti que te importa; además, yo sólo bebo Bloody Mary.

Lalova:

¿Cuántos?

El conde:

Pero… ¿quién eres tú para controlar a tu señor?

Lalova:

Yo soy la que más de un amanecer ha tenido que bajar a recoger al señor conde al patio, después de estrellarse contra los muros del castillo porque viene volando en eses.

El conde:

Bueno…, alguna noche ha podido ser, pero porque la niebla me desorienta.

Lalova:

(Imitando la voz del conde) "La niebla me desorienta…", ¡no se excuse!, si llega a casa echando un horrible pestazo a vodka.

El conde:

No seas impertinente con tu señor. Tu cargo exige discreción.

Lalova:

Si una hablara...

El conde:

Te conviene callar. Porque puestos a largar…, hay para todos. Me voy, que se me ha pasado el hambre *(se envuelve en la capa y sale de la habitación)*.

TELÓN

ESCENA TERCERA *(Aigor, Lalova y el conde)*.

Aigor:

¿A que no sabes cómo llaman a nuestro amo en la aldea?

Lalova:

Cualquier cosa.

Aigor:

"El conde Crápula", ¡je, je!

Lalova:

El muy calamidad se lo tiene ganado a pulso.

¡Qué deshonor para la familia! Si su padre levantara la cabeza...

Aigor:

Su padre... ¿levantar la cabeza?, ¿cómo?, si se la cortaron después de llenarle la boca de ajos y clavarle una estaca en el corazón, como a todos sus antepasados.

Lalova:

Es un decir.

Aigor:

Menuda chanza se traen con el conde en el pueblo, es la comidilla desde que lo pilló la Basilisca en la habitación de su hija. Escapó por los pelos, bueno, por los pelos no, que le quedan cuatro, escapó por las alas, ¡je, je! Además, me he enterado que más de un padre se la tiene jurada, así que... ¡ya puede andarse con ojo!

Lalova:

El conde, siempre haciendo amigos.

Aigor:

No sé tú, pero yo ya estoy un poco hasta aquí

de poner la cara por las fechorías del amo. Todos los días despachando de la puerta del castillo a acreedores, padres y maridos ultrajados, y mientras el señorito durmiendo a pierna suelta.

Lalova:

Lo de dormir de día es tradición de su linaje.

Aigor:

De día durmiendo y de noche de juerga, ¡bonito linaje!, ¡así va Transilvania!

Lalova:

Lo peor es que el amo es un derrochador. En menos de seis meses ha dilapidado la fortuna que le dejó su padre.

Aigor:

Ese viajecito que hizo el mes pasado a Londres para comprarse una mansión le ha salido por una pasta y encima tuvo que salir de allí por patas, por meterse en líos de faldas. Se murmura que le chupó la sangre a una señorita de la alta sociedad y de buen ver, hasta que la hizo muerta viviente, y no contento, también lo intentó con la mujer de su procurador. Parece ser que ese señor anda buscándolo y viene de camino con unos

matones para agradecérselo.

Lalova:

¡Sinvergüenza! El muy calamidad se tiene ganado a pulso todo lo que le pasa… ¡por golfo!

Aigor:

Ya, y si sólo fuera eso…, ¿sabes que ha tenido que hipotecar el castillo?

Lalova:

Un castillo cochambroso por el que no le darán ni las gracias, para colmo, construido al borde de un precipicio.

Aigor:

Él dice que lo mejor que tiene son las vistas.

Lalova:

Vistas… ¿qué vistas? Aquí, cuando no hay niebla es de noche.

Aigor:

Nos vemos en la calle cualquier día de éstos.

Lalova:

¡Qué horror!, ¿dónde voy yo a mis años?

Aigor:

Pues esta misma mañana ha venido un prestamista de Budapest, un tal señor Leví, de muy malas pulgas, diciendo que, o le paga la deuda o el próximo día vuelve con los alguaciles para ejecutar el embargo y desahucio al canto.

Lalova:

Seremos el hazmerreír de la aldea. Con el odio que nos tienen…

Aigor:

¿No has notado que últimamente el señorito no sale todas las noches? Sé de buena tinta que evita ir al casino porque unos gorilas le echaron a patadas por deudas, y hasta le han amenazado con partirle las piernas como le vean revolotear por allí.

Lalova:

Después de todo el dinero que se ha dejado en ese antro…

Aigor:

Le está bien empleado por fantoche. ¡Y nosotros sin cobrar!

Lalova:

Y la vergüenza que nos hace pasar... Anteayer, yo, toda una ama de llaves, tuve que pararles los pies a los de la funeraria, querían llevarse el ataúd del señor diciendo que hace no sé cuantos meses que no paga los plazos. Se lo iban llevar con él dentro, pero pude convencerlos para sacarlo del féretro y meterlo en la caja donde yace ahora. Seguro que hubiesen tirado el cuerpo a la escombrera. Por suerte, el conde ni se enteró.

Aigor:

Ése... ¡de qué se va enterar! "Ahí me las den todas", habrá pensado. Yo, ni le he oído quejarse de la caja de cartón.

Lalova:

El amo dice que ahora duerme más caliente aquí, además, en la cripta la humedad le puede estropear el cartón.

Aigor:

Nos ha jodido, el que no se conforma es porque no quiere.

Lalova:

El señor está descentrado, se ha echado en brazos del vicio.

Aigor:

Trasnochador, mujeriego, manirroto, jugador... ¿quién da más?

(Se oye un ruido de aleteo. Es el conde que entra en la habitación por la ventana en forma de murciélago, y una vez adquirida su apariencia humana se queda escuchando en un rincón donde no es visto por los sirvientes)

Lalova:

¡Se ha colado un pajarraco por la ventana!

Aigor:

Ya están aquí otra vez esos malditos bichos, con el asco que les tengo a los murciélagos y el cariño que les tiene el conde. El castillo está infestado.

Lalova:

Habrá que llamar al exterminador de plagas.

Aigor:

Si no hay dinero ni para comer, va a haber para pagar al exterminador.

Lalova:

Ciertamente. La despensa está vacía. Las ratas se han marchado a otro castillo de más postín, el del gran duque Tachenko.

Aigor:

Y ese Tachenko… ¿también se dedica a chuparle la sangre a la gente?

Lalova:

Eres un ignorante, Aigor. En Transilvania toda la nobleza se dedica a chuparle la sangre a la gente.

Aigor:

¡Joder! En qué país nos ha tocado vivir…

Lalova:

Que los nobles le chupen la sangre a la gente es

costumbre general, lo que pasa es que los de aquí se lo han tomado al pie de la letra.

Aigor:

El nuestro ya ha sorbido todos los jugos habidos y por haber, hasta la herencia de su padre se ha bebido.

Lalova:

Nos ha dejado con lo puesto.

Aigor:

No me lo recuerdes, encima me regaña porque me he comido el último mendrugo de pan untado en ajo, y él por ahí presumiendo: *(con sorna e imitando la voz del conde)* "soy el señorito muerto viviente, soy el señorito muerto viviente". "Soy el señorito muerto de hambre" tendría que decir el muy cabrón.

(El conde, terriblemente enfadado ante lo que acaba de escuchar, se muestra ante los presentes de repente. Aigor y Lalova se asustan dando un respingo)

El conde:

¡Aigor, eres un maldito bellaco, malnacido! ¡Así me pagas que te tenga aquí recogido. Tu padre te tiró en un muladar al nacer de feo que eras y el cura te dio

la primera comunión con una caña por lo mismo!

Aigor:

(Apurado) Señor conde, no se enfade, si era broma, si sabíamos que estaba usted ahí. Era para hacer un chiste.

El conde:

Para hacer un chiste dice el majadero..., si no fuera por lo mal que está el servicio, esta misma noche te echaba a los lobos para que te devoraran.

Aigor:

¡Va!, no se ponga así, señorito, si usted en el fondo es de buen corazón.

El conde:

De bueno que soy me paso a tonto.

Aigor:

¡Qué dice tonto!, el señor es generoso, el mejor amo que pueda haber.

El conde:

No me seas lameculos, Aigor.

Aigor:

¿Lameculos, yo?

El conde:

Sí, tú, que te las sabes todas. Y tú *(dirigiéndose a Lalova)*, mi ama de llaves conspirando también contra su señor...

Lalova:

Se equivoca el señor, yo sólo escuchaba lo que decía este necio.

Aigor:

¡Vaya!, esto es lo que se dice echar un capote. ¡Solidaridad entre la clase trabajadora!

Lalova:

¡Calla, tarugo!, que me pierdes.

Aigor:

¡Será posible! A la mínima, la rata abandona el barco.

El conde:

¡Callad los dos!, ya he visto lo que tengo metido

en casa, ya... A partir de ahora van a cambiar las cosas. Mano dura es lo que os merecéis. ¡Quiero una doncella ya! Tú, Aigor, mañana vas a ir a la aldea, irás a casa del alcalde a exigirle que me entregue a su hija, sin excusa ni pretexto.

Aigor:

¡Buhh! ¿la hija del alcalde...?, ¿no puede ser otra?

El conde:

¡He dicho la hija del alcalde!

Aigor:

Vale, vale, pero... ¿cuál de ellas, amo? Ya sabe que tiene dos ¿no?

El conde:

Sí lo sé. Que se venga la rubia, la de 90-60-90.

Aigor:

¡Ah!, la Pimpollova.

El conde:

Esa misma.

Aigor:

Tiene buen ojo el señor conde ¿eh?

El conde:

¿Tú te crees que yo soy tonto, o qué?

Aigor:

No, no, si ya sé que el señorito no tiene ni un pelo de tonto, los cuatro que le quedan son los de listo.

El conde:

Aigor... ¿Qué hago contigo? Es que no escarmientas.

Aigor:

Si se lo decía como un halago, ¡¡joer!

El conde:

Eres un tarugo, Aigor, no sabes ni adular. O igual sabes más de lo que parece... Bueno, a lo que íbamos, que mañana por la noche quiero a Pimpollova aquí. No has de tener miedo al alcalde si vas en mi nombre.

Aigor:

No, señorito, no, si el alcalde a mí no me da miedo, ¡menudo cagón! Pero como esté por allí la Basilisca, eso ya es otro cantar.

El conde:

Aigor..., que te entre en esa cabezota que tú vas en mi nombre, yo soy vuestro señor natural, soy el príncipe de las tinieblas, yo he logrado conquistar a la muerte...

Aigor:

(*Le interrumpe*) Sí, sí..., si el señor seguro que ha logrado conquistar a la muerte, pero yo soy el Aigor, el hijo del Tronchao, vulnerable a la muerte, sobre todo la que te garantiza que te den con un rodillo de amasar en toda la cabeza.

El conde:

Pero..., ¿quién va a atreverse a tocarle un pelo a mi brazo ejecutor?

Aigor:

La Basilisca... por ejemplo. ¡No es nadie la tía!

Lalova:

Esa mujer está endemoniada. ¡Que el Aigor se ande con cuidado!

El conde:

Yo... es que no salgo de mi asombro, ¿cómo se os puede pasar por la cabeza que la chusma se oponga a los deseos de su príncipe?

Lalova:

Debería ir usted mismo, siempre impondrá más respeto.

Aigor:

(*Aparte*) Sí, en eso está pensado el señorito después de la espantada del otro día.

El conde:

¿Qué dices, Aigor? Te tengo dicho que no murmures en mi presencia.

Aigor:

Nada, nada, que en lo que dice Lalova, igual tiene razón, porque un muerto viviente impone mucho.

El conde:

¿Dónde habéis visto vosotros a un aristócrata de recadero? El señor de los Cárpatos haciendo de correveidile, pues sí... ¡faltaría más!

Aigor:

Ya, es mejor que maten al mensajero...

El conde:

¡No se hable más!, mis órdenes se acatan y punto. Mañana bajas a la aldea y cumples con lo que te he dicho. Ahora me voy a hacer unas gestiones a Budapest, volveré antes del amanecer *(se envuelve en la capa y sale de la habitación)*.

Aigor:

Éste no tiene remedio, ya se va otra vez para el casino y sin blanca, verás como al final le parten las piernas.

Lalova:

Bonita cruz, aguantarlo lisiado si de normal ya es insoportable.

Aigor:

Y tú... ¿qué...? Cuando no está el señorito, bien que te despachas, y si está, el malo soy yo... ¿no?

Lalova:

El amo está acostumbrado a tus sandeces, yo tengo un prestigio.

Aigor:

¡Prestigio dice! Vamos a callarnos, vamos a callarnos...

Lalova:

No desvaríes, tú mañana tienes que bajar a la aldea a por la hija del alcalde, así que céntrate.

Aigor:

¡Bajar!, ¿cómo?, si el carruaje también se lo han llevado los acreedores.

Lalova:

¡Andando!, y coge el atajo del bosque tenebroso.

Aigor:

¡Maldita sea!... ¿por el bosque tenebroso?, ya, ya..., ¡está plagado de lobos!

Lalova:

Deberías saber que todos los seres inferiores obedecen al conde.

Aigor:

Obedecen cuando tienen la panza llena, ahora, ni se sabe los días que llevan sin comer y lo que les diga el conde se la trae floja. Si resulta que el señorito no tiene a quien hincarle el diente, pues tampoco hay sobras para echarles a los lobos.

Lalova:

Entonces, más te vale que vayas por la carretera, porque estás bien entrado en carnes y contigo tienen un festín asegurado.

Aigor:

(Irónico) Je... je... más vale tocino que carne momia.

Lalova:

Sin duda ninguna, sobre todo para los lobos.

Aigor:

Pues que me lleve el diablo si he de ir yo a la aldea. ¡Que vaya el conde volando!

Lalova:

¿Para qué protestas?, si al final vas a ir.

Aigor:

¡Qué perra vida ésta! No me tocara una lotería...

Lalova:

Quien vive de ilusiones, muere de desengaños.

Aigor:

¡Bufff! Sí, porque de tocarme algo, me va a tocar hacer de saco de las hostias.

Lalova:

Procura evitar a la Basilisca. Preséntate en la casa del alcalde cuando no esté su mujer.

Aigor:

¿Y cómo sé yo cuándo no está en casa la Basilisca? Si asomo por allí estando, que Dios me coja en su gloria.

Lalova:

Tengo oído que se pasa media mañana en el ayuntamiento, en representación de su marido. Allí nadie se atreve a rechistar. Pelelov tiene la vara de mando, pero ella tiene el rodillo de amasar, que es más contundente.

Aigor:

¡Qué mandaos me tiene el amo! Estoy por ir con una ristra de ajos al cuello para ahuyentarla.

Lalova:

Eres un asno, Aigor, eso sólo sirve para espantar a criaturas como nuestro amo, la Basilisca es otro tipo de monstruo, y devora los ajos crudos a carretadas.

Aigor:

Menudo ánimo me das. No sé qué es peor, si caer en las garras de la Basilisca o en las de los lobos del bosque tenebroso.

Lalova:

Los lobos serán más generosos contigo.

Aigor:

Bonito dilema..., si escapo a los lobos, la Basilisca me ha de medir las costillas con su rodillo de roble, y todo por los caprichitos del conde. No habrá otra moza en el pueblo, no..., tiene que ser precisamente la Pimpollova...

Lalova:

Encomiéndate a san Atanasio.

Aigor:

San Capullo es lo que soy yo. Mañana me veo como oveja camino al matadero. La puerta de la casa de la Basilisca es como la puerta del infierno. Es que se me pone un sudor frío...

Lalova:

Se huele..., se huele el miedo.

Aigor:

Me voy corriendo a las letrinas, que se me ha descompuesto el cuerpo *(sale a toda prisa de la*

habitación).

Lalova:

Se ha cagado de miedo. Con su pan se lo coma.

TELÓN

ACTO SEGUNDO

La escena acontece en una habitación de la casa del alcalde, en la aldea. Es una estancia sencilla de vivienda humilde, amueblada con una mesa y sus sillas. Se accede desde la calle por una puerta situada a la izquierda; a la derecha, unas escaleras suben hasta las habitaciones del piso superior. Es media mañana y el alcalde Pelelov se encuentra allí cuando llaman a la puerta

ESCENA PRIMERA *(Pelelov, Aigor, Basilisca, Pimpollova y Mostrenkova)*

(Toc, toc, toc)

Pelelov:

¿Quién es?

Aigor:

(Desde la calle) ¿Está la Basilisca?

Pelelov:

¿Quién la busca?

(Toc, toc, toc)

Aigor:

¿Que si está la Basilisca?

Pelelov:

Pero... ¿quién coño llama?

Aigor:

¡Uno cualquiera! ¿Está la Basilisca o no?

Pelelov:

Ahora no está. ¿Qué quieres?

Aigor:

(Aparte) ¡Bufff, menos mal! *(Gritando a Pelelov)* ¡Pues si no está, abre la puerta ahora mismo! Soy Aigor, y vengo por orden del conde, tu señor, así que ya me estás dejando entrar.

Pelelov:

Voy, voy... *(Abre la puerta y Aigor entra en la habitación).*

Aigor:

Alcalde Pelelov, vengo a comunicarte que el señor conde se ha dignado en distinguirte con el honor de elegir a tu hija como doncella, para que forme parte de su corte.

Pelelov:

¿Que mi hija va a entrar en la corte del conde? Pero... ¿qué corte? ¿El conde tiene una corte?

Aigor:

¡Claro que tiene una corte! De gente muy distinguida.

Pelelov:

Pues no sabía yo nada de esa corte... ¡qué callado se lo tenía el conde!

Aigor:

No hay mayor honra que vivir al servicio del conde.

Pelelov:

(*Se queda pensativo*) ¡Ah!, bueno…, si usted lo dice.

Aigor:

No es que lo diga yo, sólo tienes que ver la planta de los que le servimos.

Pelelov:

Sí, sí, sobre todo usted, señor Aigor, está hecho todo un galán.

Aigor:

Es lo que tiene vivir en una corte como la del conde.

Pelelov:

(*Aparte*) Bueno, al fin y al cabo, me la quito de encima y una boca menos, je, je…

Aigor:

¿Qué?

Pelelov:

Nada, nada, pero… digo yo, que si se la lleva el

conde, habrá que hablar de algún presente a cambio, porque algún regalito para los padres habrá... ¿no?

Aigor:

¿Cómo presente?, ¿te parece poco que el conde se haya fijado en tu hija?

Pelelov:

No, si es todo un honor..., pero..., desprenderse de una hija bien vale un par de cochinos, me parece a mí.

Aigor:

¿Tú tomas al conde por un tratante de ganado?

Pelelov:

No, noooo, Dios me libre de faltar al señor conde. Pero..., es que somos gente humilde, sabe usted, señor Aigor, y el disgusto que da quedarse sin hija lo quita un poco una pareja de cochinos, de engorde, a poder ser.

Aigor:

Pues conténtate con la satisfacción de ver a tu hija en el séquito del conde. ¿Y quién no te dice a ti que un día el conde la haga su esposa?

Pelelov:

¿El conde tomar por esposa a una aldeana? Señor Aigor... si aquí ya conocemos todos las aficiones del conde, qué menos que dos cochinos a cambio.

Aigor:

¡Qué no hay cochinos, coño! Ya me vas a cabrear... ¡pelmazo! Esta noche tu hija tiene que estar en el castillo, así que ya se lo puedes ir diciendo.

Pelelov:

Vale, vale, no se enfade, hombre. ¿Y..., no podría ser media docena de gallinas?

Aigor:

¡He dicho que no! Dale el recado de una vez, que me tengo que ir.

Pelelov:

Bueno, bueno... *(Grita en dirección a las escaleras)* ¡Mostrenkovaaaa!

Aigor:

¿Qué?, ¿cómo?, ¿Mostrenkova? No, la Mostrenkova no..., el conde quiere a la Pimpollova.

¿De dónde has sacado tú que la elegida es la Mostrenkova?

Pelelov:

A ver..., a cambio de nada el conde quiere llevarse a la mejor. ¡Qué cara tiene el conde!

Aigor:

Pero... ¿cómo te atreves a discutir los deseos del conde? ¡Que es tu señor!

Pelelov:

Que no puede ser, que a la Pimpollova la pretende el Candidovich, un mozo rico del pueblo, con tierras y ganado. ¡Menuda dote nos va a caer!

Aigor:

Si te niegas, toda la cólera del conde caerá sobre ti.

Pelelov:

Mire, señor Aigor, yo soy de buen conformar y le podría decir que sí, y aquí paz y después gloria. Pero mi señora no es de honores, y entre que me caiga la cólera del conde o la de la Basilisca, me arriesgo con la del conde, porque siempre habrá más posibilidades de

salir vivo.

Aigor:

Eres un loco. ¡Tú no conoces el poder del conde!

Pelelov:

Después de veinticinco años aguantando el poder de la Basilisca, mucho tiene que tener el señor conde para ganarle a mi señora. Además, como está al llegar, usted mismo, señor Aigor, le puede contar lo que ordena el conde, a ver qué dice.

Aigor:

(Mirando para un lado y otro) ¿Qué? ¿Cuando vuelve la Basilisca?

Pelelov:

Por la hora que es, ya tenía que estar aquí.

Aigor:

(Nervioso) Me voy, tengo mucha prisa. Por la cuenta que te trae procura que esta noche la Pimpollova se presente en el castillo.

Pelelov:

Espérese cinco minutillos de nada.

(Roc, roc... se oye una llave en la cerradura de la puerta)

Aigor:

(Sobresaltado) ¿Qué es ese ruido?

Pelelov:

Mi señora. Ya ha terminado el pleno.

(Entra Basilisca en la habitación y al ver a Aigor se sorprende)

Pelelov:

Esposa mía, mira quien ha venido, es el señor Aigor. Viene a decirte no sé qué cosa.

Basilisca:

(Encolerizada) El señor ¿queeeé? ¿Qué hace ése en mi casa?

Pelelov:

Señor Aigor, explíquele a mi mujer el negocio que le trae por aquí.

Aigor:

(Dirigiéndose hacia la puerta) Nada, nada... si yo ya me iba.

Pelelov:

Dice que el conde quiere que nuestra hija Pimpollova entre de señorita de compañía en su corte. Esta noche tiene que estar en el castillo a su disposición. A cambio de nada.

Basilisca:

(Roja de ira, desenvainando el rodillo de amasar y abalanzándose sobre Aigor) ¡Ven aquí rastrero miserable, que te voy a dar un recado para tu amo, ven, que te voy a escribir en las costillas la respuesta!

Aigor:

(Corriendo delante de Basilisca por la habitación) Noooo, nooooo, ¡yo sólo soy el mensajero....!

(Aigor, finalmente, logra salir de la casa y huir. Basilisca le grita desde la puerta)

Basilisca:

¡Dile a tu amo que cualquier día de éstos voy a ir yo también a su corte, le voy a enseñar a colarse en habitaciones ajenas a ese andrajoso! ¡Piojoso, muerto de hambre! ¡Por éstas! *(esgrime el rodillo)* que se lo he de partir en la cabeza.

Pelelov:

Así, así se hace esposa mía.

Basilisca:

¡Diossss!, se me ha escapado ese gusano, si lo pillo lo desguazo. Y tú, eres un fantoche... ¿cómo se te ha ocurrido dejar entrar a ese mierda en mi casa?

Pelelov:

Es que venía en nombre del conde, ¿qué podía hacer yo?

Basilisca:

(*Amenazando a Pelelov con el rodillo, que se encoge para protegerse*) Es que te daba así.... A ver si de una vez le echas un par de... ¡gallinaza!

Pelelov:

Mujer, si ya sabes que estas cosas te las dejo a ti

Basilisca:

¡Todo me lo dejas a mí! Se te quieren llevar una hija y tú, ni fu ni fa, ¡vaya tío pelele estás hecho!

Pelelov:

No te enfades, mujer, si ya has puesto tú las cosas en su sitio.

Basilisca:

¡Quién sino! Contigo vamos listos, pero yo no me fio un pelo de ese conde mamarracho y sus artimañas y si ya lo ha intentado, volverá. Ese engendro del diablo les va a chupar a mis hijas lo que yo te diga. Hay que advertir a las niñas de sus intenciones.

Pelelov:

Advertir, lo que se dice advertir, a la Pimpollova, la otra no tiene peligro.

Basilisca:

¡Qué sabrás tú!

Pelelov:

Mujer..., a la vista está.

Basilisca:

¡Vaya padre! Según tú, la Mostrenkova se va a quedar para vestir santos ¿no?

Pelelov:

Va a costar endosársela a algún pardillo.

Basilisca:

(*Cabreada*) ¡Serás desgraciado! Ya me encargaré yo de buscarle marido, porque si fuera por ti, apañada va la pobre hija. ¡Fuera de mi vista! Vete a echarles de comer a los cerdos y así te estás un rato con tus compadres.

Pelelov:

(*Según sale de la habitación*) ¡Qué genio, Virgen Santa, qué genio!

Basilisca:

No…, si ya me lo advirtió mi abuela: "no te cases con ese calzonazos" Pero qué tonta es una de joven… ¡qué tonta! Y ahora a pagarlo de por vida. ¿Dónde estarán estas hijas? (*Gritando hacia las escaleras que suben al piso superior*) ¡Pimpollovaaaa… Mostrenkovaaaa…!

Pimpollova:

(*Desde el piso superior*) ¿Qué quieres, madre?

Basilisca:

¿Tu hermana anda por ahí?

Pimpollova:

Sí, está babeando y contando moscas en su habitación.

Basilisca:

Pues baja y tráetela, que se está haciendo la sorda.

Pimpollova:

Voy.

(Bajan Pimpollova y Mostrenkova)

Mostrenkova:

¡Jo, madre! ¡Vaya mañana de dar voces! No me dejan pensar en mis cosas.

Pimpollova:

¡Milagro! La Mostrenkova pensando…

Mostrenkova:

¡Boba!

Basilisca:

Sssssss, ¡a callar! Hijas mías, atentas… ya sabéis que en el castillo mugriento que hay en la montaña vive un espantajo que se dice conde y muerto viviente. Su fama le precede y el muy cabrón ha tenido la desfachatez de mandar un lacayo a nuestra casa exigiendo una señorita de compañía para su corte. Si lo llego a pillar lo mato, pero se me ha escabullido. Ese mequetrefe ya ha quedado avisado, pero de todas formas andad con ojo con el conde, *(dirigiéndose a Pimpollova)* sobre todo tú, que muy bien sabes que te tiene echado el ojo.

Pimpollova:

Sí madre, menudo susto me dio la otra noche. Todavía me entra el tembleque cuando me acuerdo.

Mostrenkova:

De mí… ¿ha dicho algo?

Basilisca:

(Dirigiéndose a Pimpollova) ¿Y cómo se te ocurrió dejar entrar en tu habitación a ese tío crápula?

Pimpollova:

Qué sabía yo, madre. Estaba tan tranquila,

rezando el rosario, cuando escuche aleteos en la ventana...

Mostrenkova:

¡Yo también quiero un cuarto con ventana!

Pimpollova:

Fuera había un murciélago gordo y medio calvo revoloteando. Me miraba fijamente, para mí que me hipnotizó.

Mostrenkova:

Yo, todavía soy doncella ¡eh!

Pimpollova:

Abrí la ventana y me asomé. El bicho, en un pis pas se coló dentro, entonces se transformó, caí bajo su influjo y me pareció un hombre cultivado, aristocrático y atemorizante.

Mostrenkova:

¡La Pimpollova ya no está entera!

Pimpollova:

¡Qué hablas! ¡Calla, so tonta, no me interrumpas! ¿Por dónde iba? !Ah¡, sí, pues eso, que

me embelesó, me susurraba al oído, noté su cálido aliento en mi cuello, para mí que olía a podrido pero como estaba medio atontada..., hasta que entró usted, madre, y con el rodillo le tiró un viaje al aire, aunque el conde anduvo listo y se hizo murciélago otra vez en un santiamén, y salió por la ventana como perro que vuelca la olla.

Mostrenkova:

Aristocrático y atemorizante... ¡Cómo me pone!

Basilisca:

¡Será joputa el conde! ¡Cómo se las trabaja! (*A Pimpollova*) Hija..., ¿qué quiere decir tu hermana con eso de que ya no estás entera?

Pimpollova:

(*Aparentemente apurada*) ¡Madre, madre! es que... no le he contado todo lo que pasó la noche que el conde se coló en mi habitación. Me da mucha vergüenza.

Mostrenkova:

Huy, huy, huyyy...

Basilisca:

¡Qué!, ¿cómo?, ¿qué más pasó esa noche? ¡Habla!

Pimpollova:

Pues que..., el conde..., el conde me desfloró antes de que usted entrara.

Mostrenkova:

¡Qué fenómeno, el conde!

Basilisca:

(Montando en cólera) Pero..., pero... ¿cómo pudo darle tiempo, si en menos que canta un gallo subí a tu habitación?

Pimpollova:

Entre que yo estaba bajo su influjo y no me pude resistir y que el conde, en eso de copular es como los conejos, pues pasó lo que pasó en un abrir y cerrar de ojos, bueno…, de piernas.

Mostrenkova:

De mí, nadie se acuerda.

Basilisca:

¡Rata miserable!, así que anda al descuido. ¿No habrá vuelto a entrar en tu habitación y no me lo has contado?

Pimpollova:

Entrar, entrar…, no se ha atrevido o no ha podido, porque usted anduvo lista untando de ajo el marco de la ventana, pero sí que lo he visto revolotear por fuera. Me espía los sueños.

Mostrenkova:

Lo dicho… ¡quiero ventana en mi cuarto!

Basilisca:

El muy imbécil no sabe con quién se la juega. Me las va a pagar todas juntas. Ese sucio bastardo se ha encelado contigo.

Pimpollova:

Sí..., me acecha con el brillo infernal de sus ojos..., con sus deseos voluptuosos...

Mostrenkova:

Me apunto a doncella del conde ¡ya!

Basilisca:

Me cago en mi madre…, pero… ¿qué tiene ese mamarracho? ¡Estáis atontadas!

Pimpollova:

No sé, cuando está cerca se siente una presencia atrayente, te encandila, no hay quien se le resista.

Mostrenkova:

Pues cuando te pongas boba, acuérdate que tienes novio.

Pimpollova:

Tú sí que estás boba, ¡y salida!

Mostrenkova:

Mira quién va a hablar. Que yo sé cosas…, ¡eh!

Pimpollova:

¿Qué cosas? ¡Tonta, más que tonta!

Mostrenkova:

No me tires de la lengua, ¡eh!

Pimpollova:

¡Bah! ¿Qué sabes?, lo que te cuentan tus amigas cotillas… ¡todo mentira!

Basilisca:

Pimpollova…, ¿no me estarás engañando? ¿Seguro que no has vuelto a enredar con el conde? ¡Mira que te veo muy pálida!

Pimpollova:

Madre, ya le he dicho que me acecha, pero no se atreve porque usted anda al loro.

Basilisca:

El domingo, en misa, al comulgar me decías que la Hostia te quemaba la lengua… Eso…, ¿por qué?

Pimpollova:

Me confundí, madre, la quemazón no era por la Hostia, era acidez del chorizo de la cena.

Basilisca:

Y ese novio tuyo… ¿está enterado de la hazaña del conde?

Pimpollova:

No le he dicho nada.

Mostrenkova:

¡El Candidovich es un cornudo... el Candidovich es un cornudo...!

Pimpollova:

¡Calla! ¡Tonta del culo!

Basilisca:

¡Vale ya!

Pimpollova:

Esta envidiosa me pone de los nervios.

Mostrenkova:

¡Y tú buscona!

Pimpollova:

Yo no busco, me vienen a buscar a mí, no como a ti, que si te ven por la calle, se cambian de acera, ¡por fea!

Mostrenkova:

Madre... ¡cómo deja que me insulte!

Basilisca:

¡Qué os calléis ya! ¿No os da vergüenza? ¿Qué es eso de pelearse entre hermanas?

Pimpollova:

La culpa es de la Mostrenkova, de la pelusa que me tiene.

Mostrenkova:

La culpa es tuya, por lagarta.

Pimpollova:

¡Y tú víbora!

Mostrenkova:

¡Y tú... un zorrón!

Pimpollova:

¡Madreeee! ¡Mire lo que me ha dicho!

Basilisca:

A ver si os voy a tener que calentar a las dos... a

vuestra edad. ¡Se acabó la discusión! *(A Pimpollova)* Avisa a tu novio…, que el Candidovich se venga por aquí. Hay que contarle la fechoría del conde, así, cuando sepa lo que te ha hecho y se encienda, nos va a venir muy bien para mi venganza, porque… el Candidovich se encenderá ¿no?

Pimpollova:

Mi Candidovich hará lo que yo le diga, madre.

Basilisca:

Eso espero, porque esta noche vamos a subir todos al castillo del conde, a cantarle las cuarenta.

Mostrenkova:

¡Eso!, la Pimpollova con dos y a mí que me parta un rayo.

TELÓN

ESCENA SEGUNDA *(Pimpollova, Candidovich y Mostrenkova).*

(Llaman a la puerta, toc, toc, toc)

Pimpollova:

Adelante, entra, está abierto.

Candidovich:

(*Entra Candidovich asustado*) ¿Pasa algo? He venido en cuanto me han dado el aviso. Tu madre... ¿no estará por ahí?

Pimpollova:

No, tranquilo, no está. Ha salido un rato a pasear al perro y a mi padre.

Candidovich:

¿Qué me tienes que contar? Algo gordo será para llamarme a estas horas, con el peligro que tiene tu madre.

Pimpollova:

Calma..., mi madre sabe que estás aquí.

Candidovich:

¡Cómo! Me voy...

Pimpollova:

Nooo. Te he llamado porque me lo ha dicho

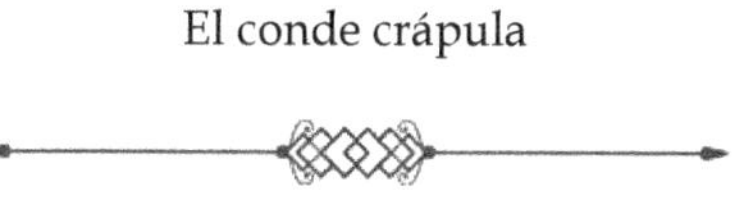

ella.

Candidovich:

No entiendo. Si en cuanto me ve merodeando la casa echa mano al rodillo.

Pimpollova:

Esta mañana mi madre ha tenido una trifulca con un lacayo del conde, que se ha presentado en casa exigiendo una señorita de compañía y quiere llevarme a su castillo, y eso ha hecho que le hirviera la sangre. Puedes imaginarte cómo se ha puesto.

Candidovich:

¿Y?

Pimpollova:

Quiere que te cuente lo de la noche en que el conde se coló en mi habitación.

Candidovich:

¡Vaya! si eso ya lo sé. Me dijiste que no pasó nada, porque... no pasó nada ¿no?

Pimpollova:

No, nada, nada, sólo el susto; pero mi madre no

sabe que tú lo sabes. Lo que quiere es que, al saberlo, te calientes, y poder contar contigo esta noche, que no sé qué escarmiento contra el conde está planeando. Además, también le he dicho una mentirijilla.

Candidovich:

¿Una mentirijilla? No me asustes.

Pimpollova:

Le he contado que el conde me desfloró la noche de autos, je, je.

Candidovich:

¡Bufff! madre mía. No quisiera estar en el pellejo del conde, pobre hombre, o monstruo, o lo que sea.

Pimpollova:

Un poco de pena sí que da, sí, pero... ¿qué quieres? más vale colgarle el sambenito al conde antes de que mi madre se entere que has sido tú el artista ¿no te parece?

Candidovich:

Sí, sí, que el conde tiene la fama y las espaldas muy anchas. Menudo peso se me quita de encima.

Pimpollova:

Pues lo dicho, esta noche te presentas en casa haciéndote el novio deshonrado, clamando venganza contra el conde.

Candidovich:

Quién le iba a decir al conde que iba a hacer de cabeza de turco, con el cariño que les tiene.

Pimpollova:

Eso le pasa por golfo y por picaflores.

Candidovich:

Pero a ti no te hizo nada... ¿no?

Pimpollova:

Qué noooo, ¡pesado!

Candidovich:

Vale, vale, esta noche me presento aquí todo agraviado, y me pongo a las órdenes de tu madre.

Pimpollova:

¡Hala! marcha y vete ensayando el papel de ofendido, porque lo tienes que bordar.

Candidovich:

Adiós, hasta la noche *(se va Candidovich).*

(Sale repentinamente Mostrenkova, que ha estado escuchándolo todo sin ser vista)

Mostrenkova:

Eres una arpía, hermana, lo he oído todo.

Pimpollova:

(Se asusta) ¡Ahhh! ¿Has estado espiándonos? ¡Bruja!

Mostrenkova:

¡Sí! y se lo voy a contar a madre.

Pimpollova:

¡Te come la envidia porque el conde me ha elegido a mí!

Mostrenkova:

Si te ha elegido a ti es porque a mí no me conoce todavía.

Pimpollova:

¡Ja, ja! Mejor que no te conozca; porque en cuanto te vea se hace maricón, ¡fijo!

Mostrenkova:

A madre que voy ahora mismo...

Pimpollova:

Espera, espera... vamos a hablar.

Mostrenkova:

Hablar ¿de qué?

Pimpollova:

A ti te interesa entrar en la corte del conde ¿no?

Mostrenkova:

Sí

Pimpollova:

Pues si te estás calladita, yo puedo interceder por ti.

Mostrenkova:

¿Cómo? ¿Cuándo?

Pimpollova:

Como yo tengo buen rollo con el conde, esta noche, sin que se entere madre, le hablo de ti, para que te haga su dama de honor.

Mostrenkova:

Me quieres engañar. Sé que vais a subir al castillo para apalearlo.

Pimpollova:

Que no, hermanita, ya sabes que madre es muy exagerada.

Mostrenkova:

No sé, no me fío.

Pimpollova:

Ya te veo a su lado..., de condesa.

Mostrenkova:

¿Tú crees?

Pimpollova:

¡Segurísimo!

Mostrenkova:

¿Y qué le vas a decir de mí?

Pimpollova:

Le voy a hablar de tu salero, de tu hermosura, de ese tipazo que tienes...

Mostrenkova:

¡Jo! ¿Harías eso por mí?

Pimpollova:

Pues claro, para eso somos hermanas. Por cierto... ¿cuál es tu grupo sanguíneo?

Mostrenkova:

O negativo.

Pimpollova:

¡Qué bien, el universal!

Mostrenkova:

¿Es escrupuloso el conde con la sangre de su dama de honor?

Pimpollova:

No, el conde no le hace ascos a nada.

Mostrenkova:

Bueno, vale, venga, preséntame en sociedad en la corte del conde y mientras yo me subo a mi cuarto a ir preparando el ajuar para cuando vengan sus lacayos a buscarme.

Pimpollova:

Eso, eso, tú a tu cuarto..., a esperar..., a esperar sentada (*Mostrenkova se sube a su habitación*). ¡Tonta, pero tonta, tonta...!

TELÓN

ESCENA TERCERA (*Basilisca, Pelelov, Pimpollova y Candidovich. Pelelov se encuentra sentado mientras repiquetea con los dedos de la mano en el tablero de la mesa. Basilisca se mueve por la habitación nerviosamente*).

Basilisca:

¿Le has sacado punta a la estaca?

Pelelov:

Que síííí.

Basilisca:

¿Dónde está la ristra de ajos?

Pelelov:

En la despensa.

Basilisca:

¿Y el crucifijo?

Pelelov:

Colgado en la cabecera de la cama.

Basilisca:

Ahí está bien, pues. ¡Ya lo estás descolgando!

Pelelov:

¿Para qué tanta prisa?

Basilisca:

¡Prisa! Tú lo que eres es un huevón. Con lo a gusto que se está en la taberna en vez de desagraviar a tu hija ¡eh!

Pelelov:

Yo no voy a la taberna.

Basilisca:

¡Pues deberías! Así me darías motivos de verdad para disciplinarte.

Pelelov:

¡Jesús!, ¡qué mujer! no hay quien la entienda.

Basilisca:

¿Dónde está la Pimpollova? ¿Por qué no ha venido todavía su novio?

Pelelov:

(*Aparte*) ¡Qué agobio de vida!

Basilisca:

¡Qué cuchicheas!

Pelelov:

Digo... que la Pimpollova debe estar en su habitación.

Basilisca:

Pues levanta el culo de ahí y llámala. Hay que trazar un plan.

Pelelov:

Plan..., ¿qué plan?

Basilisca:

Es que no te enteras de nada. El plan para liquidar al conde esta noche.

Pelelov:

¿Liquidarlo? ¿Porque nos ha pedido una doncella…?

Basilisca:

¡Porque ha desflorado a tu hija, capullo! ¡Nos ha deshonrado!

Pelelov:

¿Pero ése no se dedicaba sólo a sorber?

Basilisca:

Se ve que no.

Pelelov:

¡Jodido conde!

Basilisca:

¡Jodido conde! ¿Es lo único que se te ocurre?

Pelelov:

No, no. *(Con expresión forzada)* ¡Sinvergüenza! ¡Malandrín!

Basilisca:

Mejor te callas, que no te sale.

Pelelov:

¡Bellaco! ¡Vicioso!

Basilisca:

¡Qué te calles! ¡Das pena!

(Pimpollova baja de su habitación)

Pimpollova:

¿Qué pasa? ¿Qué son esas voces?

Basilisca:

El calzonazos de tu padre…, *(con ironía)* se ha indignado por lo que te ha hecho el conde.

Pelelov:

¡Sí me he indignado!

Basilisca:

¡Huy!, *(con ironía)* menudo cabreo ha cogido don gallina.

Pelelov:

Me voy a tomar el aire.

Basilisca:

¡Tú te quedas aquí! *(A Pimpollova)* ¿Qué pasa con tu novio? ¿Cuándo va a venir?

Pimpollova:

Estará al caer.

Basilisca:

No se habrá acojonado ¿eh?

Pimpollova:

No madre, está muy ofendido.

Basilisca:

Más le vale. Y tu hermana… ¿dónde está?

Pimpollova:

Se ha encerrado en su cuarto, dice que le da pena el conde.

Basilisca:

Esta hija está tonta, tiene las hormonas revolucionadas. Mejor que se quede ahí.

Pimpollova:

Sí madre, total, para lo que iba a servir.

(Tocan a la puerta, toc, toc, toc)

Basilisca:

(Enérgicamente) ¿Quién es?

(Un silencio sepulcral)

Basilisca:

¿Qué quién es?

Candidovich:

Esto… soy Candidovich, creo que tenía que venir, pero, si eso, me voy.

Basilisca:

(Imperativa) Pasa para dentro y cierra la puerta.

Candidovich:

(Entra en la casa) Señora Basilisca…, que Dios la bendiga.

Basilisca:

Menos ceremonia. ¿Sabes a qué vienes?

Candidovich:

Vengo con un disgusto…

Basilisca:

¿Y qué más?

Candidovich:

También vengo a clamar venganza.

Basilisca:

¡Ahí, ahí! ¿Algo más?

Candidovich:

¡Me cago en la madre que parió al conde!

Basilisca:

Vamos bien, vamos muy bien.

Candidovich:

¡Hay que cortarle los huevos al conde!

Basilisca:

(Dirigiéndose a Pelelov) ¡Aprende, memo!

Pelelov:

¡Bah! Eso también lo sé decir yo.

Basilisca:

¡Tú qué vas a saber!

Candidovich:

¡El conde me ha ultrajado y a toda esta noble familia! ¡Muerte al conde!

Basilisca:

¡Ése es mi yerno! Ven aquí que te dé un abrazo *(coge a Candidovich y le da un abrazo que casi lo parte por la*

mitad).

Candidovich:

¡Ay, ay! *(Hablando a duras penas)* ¡Viva, viva mi suegra!

Pelelov:

(Aparte) ¡Pelota!

Pimpollova:

Madre, ¡cuidado! que me lo lisia.

Basilisca:

¡Hala!, ¡fuera! *(aleja de si a Candidovich de un empujón).* Ahora vamos al asunto que nos interesa… ¡la venganza!

Candidovich:

Mande lo que sea, señora, no me temblará la mano.

Basilisca:

Por bien mandao, para ti la estaca. ¡Pelelov, dale la estaca al mozo!

Candidovich:

¿Para darle de palos?

Basilisca:

No, para clavársela en el corazón.

Candidovich:

¡Eh!

Basilisca:

Sí, sí. Cuando lo trinquemos, tú se la pones sobre el corazón y yo se la clavo dándole con el rodillo. Luego, se le corta la cabeza y santas pascuas. Es así como se acaba con esa raza de monstruos.

Candidovich:

(*Visiblemente consternado*) Pero, pero... cuando encuentren el cadáver nos acusarán de asesinato.

Basilisca:

¡Qué va! Los muertos vivientes se convierten en polvo cuando se los mata de verdad.

Candidovich:

¡Buf! ¡Qué mal rollo!

Pelelov:

(*Aparte*) Parece que flojea este gallito…

Basilisca:

Así, con la muerte, pagará la afrenta.

Pimpollova:

Yo no lo quiero ver, madre.

Basilisca:

Tú te vienes al castillo, al fin y al cabo todo esto es por tu culpa, por haberlo dejado entrar en tu habitación.

Candidovich:

¿Cómo…?

Pimpollova:

¡Que se coló en un descuido!

Basilisca:

Ya, ya… ¡A mí se me iba a haber colado…!

Pimpollova:

A usted, madre, no hay quien se la cuele.

Basilisca:

¡Como hay que ser!

Pelelov:

Y digo yo, siendo ya tan de noche, podíamos dejar la venganza para mañana.

Candidovich:

¿Y por qué no lo denunciamos a los alguaciles y que vayan ellos, que para eso les pagan?

Basilisca:

¡De eso nada! Mucha flojera veo aquí…, *(echando mano al rodillo)* mira, mira, que me estoy enfadando…

Pelelov:

¡No, no! Al castillo todos, a la voz de ¡ya!

Basilisca:

Pues organización: a ver tú *(dirigiéndose a Pelelov)*, coge la ristra de ajos, tú, Pimpollova, echa mano del crucifijo y el Candidovich que agarre la estaca. Ahora mismo reparto las antorchas y todos para arriba, hay que llegar al castillo antes de que el

monstruo salga para cometer sus fechorías. ¡Se va a cagar!

Pimpollova:

Madre, meto el crucifijo en un saco que me da susto.

TELÓN

ACTO TERCERO

La escena acontece en la misma habitación del castillo. Ya es de noche y el conde todavía dormita en el interior de su caja de cartón. Entra Aigor por la puerta chirriante, portando el candelabro.

ESCENA PRIMERA *(Aigor, el conde y Lalova).*

Aigor:

(Gritando y golpeando la caja) ¡Señor condeeee, ya está bien, no! ¡Levántese de una vez, que va haber tormenta!

El conde:

(Sale de la caja desperezándose y echándose la mano

a la cabeza) ¡No grites, coño! ¡Ufff, qué dolor de cabeza!

Aigor:

¡Vaya! Hemos vuelto a las andadas ¡eh! ¿Cómo le han ido al señor esas gestiones en Budapest?

El conde:

Bien, bien, he cerrado un negocio.

Aigor:

Vamos, que le han echado del casino a la hora de cerrar.

El conde:

¡Calla, tarugo! *(Se agacha y coge el orinal del interior de la caja y se lo da a Aigor)* ¡Toma, ya sabes!

Aigor:

¡Qué aseado es el señorito!

El conde:

Y sin dar voces ¡eh!

(Aigor va hasta la ventana y arroja los orines)

Aigor:

Le veo mala cara. Mírese... mírese al espejo.

El conde:

Eres mala persona, Aigor, mala persona...

Aigor:

Está como más pálido que de costumbre... y con esas ojeras...

El conde:

He dormido mal.

Aigor:

Vinimos cargado... ¿no?

El conde:

¡Qué dices!

Aigor:

¿No le da vueltas la cabeza todavía?

El conde:

Para mí que el plasma del último Bloody Mary era de garrafón.

Aigor:

El plasma… ¿segurooo?

El conde:

¡Sí, el plasma! ¿Qué pasa?

Aigor:

Nada, nada, lo que diga el señorito va a misa.

El conde:

Mira Aigor, mira Aigor… ¿cuantas veces te he dicho ya que no nombres en mi presencia nada sagrado?

Aigor:

¡Copón Divino! se me había olvidado.

El conde:

¡Aigorrr… maldito seas!

Aigor:

¡La Hostia! es verdad.

El conde:

¡Ahhhh! ¡Me va a dar algo! ¡Calla ya!

Aigor:

Le juro por Dios que no lo hago con mala intención.

El conde:

¡Estoy que exploto!

Aigor:

¡Qué cruz de hombre!

El conde:

¡Me muero!

Aigor:

¡La Virgen Santa! A ver si vamos a tener que llamar al médico...

El conde:

Lo haces a propósito, ¡majadero!, para que me dé un infarto.

Aigor:

Por lo más sagrado, le prometo que no volverá a ocurrir.

El conde:

¡Es que lo mato...! ¿Qué he hecho para merecer esto?

Aigor:

(Aparte) ¿Qué se cree éste?, con el susto que he pasado yo esta mañana en la aldea por su culpa.

El conde:

¿Qué rumias?

Aigor:

Digo que a quien Dios se la dé, san Pedro se la bendiga.

El conde:

Y yo me cago en tu estampa y en el refranero. ¡Vale ya! ¡Se acabó o te cojo a ti de cena para esta noche!

Aigor:

Sosiéguese, haya paz, no se me altere el señor.

El conde:

Pero como no me voy a alterar si todos los

despertares contigo son así. ¡No me dejas vivir…!

Aigor:

A ver si nos aclaramos de una vez… ¿El señorito es un muerto viviente, un vivo no muerto, un no vivo medio muerto o un cadáver ambulante? porque yo me hago un lío, sabe usted.

El conde:

Calla…, calla de una vez y tráeme una tila para los nervios.

Aigor:

Se han acabado las infusiones y nos han cortado el agua.

El conde:

Al final voy a pillar una depresión de caballo.

Aigor:

Eso le pasa por ser un no muerto insolvente.

El conde:

Al menos dame una alegría. Dime que ya está aquí la hija del alcalde.

Aigor:

Pues no, no ha venido todavía.

El conde:

Le darías bien el recado al alcalde, ¿no?

Aigor:

Sí, sí, se lo dejé bien claro, aunque intentó darle el cambiazo, quería entregarle a la otra hija, la Mostrenkova, la gorda, pero yo lo puse en su sitio.

El conde:

¡Qué desfachatez! ¡Cómo se atreve!

Aigor:

Ya le digo, si no es por mí se la cuela.

El conde:

Cuando tenga un rato le voy a recordar a ese alcalducho de tres al cuarto quien es su conde. Y su mujer… ¿no dijo nada?

Aigor:

Intentó replicar, pero con la autoridad delegada por su excelencia yo me impuse, se calló y acató la

orden.

El conde:

¡Huuum! Así… ¿sin más?

Aigor:

Sin más, no se atrevió a enfrentárseme.

El conde:

Bueno, bueno…, pues a esperar.

Aigor:

A esperar, a esperar, la Pimpollova tiene que estar al caer…

(Lalova viene gritando desde fuera y entra de repente en la habitación)

Lalova:

¡Señor conde, señor conde, una muchedumbre sube por la carretera con antorchas!

(El conde se sobresalta, Aigor se descompone e intenta escabullirse y salir de la habitación)

El conde:

¡Coño! No gano para sustos. ¿Por eso tanto escándalo? ¿Dónde vas, Aigor? Sal a la puerta a recibir a la comitiva, seguro que traen a mi doncella.

Aigor:

Esto…, amo, es que se me ha aflojado el vientre, iba a cagar.

El conde:

Tú siempre tan oportuno ¿no te puedes esperar?

Aigor:

No, no, es un apretón muy grande y no me aguanto.

El conde:

¡Hala, vete!, no nos vayas a apestar la estancia, pero date prisa (*Aigor sale de la habitación velozmente*).

Lalova:

(*Con aire de desconfianza*) Señor, esta espantada de Aigor no me huele nada bien.

El conde:

Ni a mí, ni a mí, ya iba dejando tufo por el camino.

Lalova:

Me refiero a que se ha quitado de en medio por algún motivo.

El conde:

Por zángano, por no bajar a abrir la puerta a la comitiva. Vete a la ventana y me vas contando.

Lalova:

Lo que ordene el señor *(Lalova se acerca a la ventana poniendo el oído).*

El conde:

Da gusto tener unos súbditos así, obedientes con su señor. Ya se me está pasando el disgusto que me ha dado Aigor.

Lalova:

¡Señor! la turba viene gritando no sé qué.

El conde:

¿Gritando? ¿Y qué dicen?

Lalova:

No se entiende bien tan lejos, parece que dicen: "suerte…", "suerte al conde".

El conde:

¡Qué buena gente! Me traen mi doncella y encima me desean suerte.

Lalova:

Ya se van acercando, casi los distingo.

El conde:

Estoy por bajar yo mismo a recibirlos, pero el protocolo es el protocolo. ¿Dónde está ese bellaco de Aigor?

Lalova:

¡Amo, amo!, ahora entiendo, dicen: "muerte, muerte".

El conde:

¿Muerte? ¿A quién?

Lalova:

Al conde, parece.

El conde:

¿Cómo que al conde? Afina el oído, que estás un poco teniente.

Lalova:

Sí, señor *(se coloca la mano en la oreja a modo de pantalla)*. Escuche, escuche: "muerte al conde, muerte al conde". ¡Vienen a por usted!

El conde:

¿Cómo se atreven? ¡En mi propia casa…! ¡Aigorrrrrr, miserable! ¿Qué sabes tú de esto?

Lalova:

Ése se ha metido en algún agujero, ¡cobarde!

El conde:

¿Cuántos ves? ¿Es muy numerosa la chusma?

Lalova:

Ver…, así a ojo, veo cuatro.

El conde:

¿Cuatro? ¿Tanto alboroto por cuatro pelagatos?

Lalova:

Es que la Basilisca encabeza el tumulto. Suben armados con una estaca y traen ajos y un saco. Esa señora viene amenazando con un rodillo de amasar desenvainado.

El conde:

¡Horror, Basilisca! Ésa sí es un monstruo de verdad, y luego dicen de mí. Seguro que trae muy malas intenciones, y todo por un mordisco de nada.

Lalova:

¿Le mordió el señor también a la Basilisca?

El conde:

¿Me tienes por loco? Yo sólo le mordí a su hija, lo que me dio tiempo, total para medio litro escaso, y ahora mira...

Lalova:

Pues la Basilisca se lo ha tomado muy a pecho...

El conde:

Me la tiene jurada desde entonces.

Lalova:

A ver si va a ser envidia, porque el señor debe tener muchas admiradoras y nunca se sabe lo que pasa por la cabeza de una mujer.

El conde:

¿Tú crees? No hay quien entienda a las mujeres, ¡joder...! Anda, baja al patio y asegúrate que la puerta del castillo está bien cerrada, y de paso busca a ese energúmeno de Aigor y dile que suba inmediatamente a mi presencia.

Lalova:

Lo de cerrar la puerta lo veo difícil... ¿no se acuerda el señor que hace unos días le vendió las bisagras a peso al chatarrero?

El conde:

¡Se me había olvidado! ¡Estamos perdidos! Encuentra..., encuentra a Aigor para que me defienda, hoy estoy un poco flojo.

Lalova:

Voy, pero ése se ha metido debajo tierra *(sale de la habitación).*

El conde:

Visto lo visto, yo me hago murciélago y me voy al palomar con mis parientes, que ya escampará *(se convierte en murciélago y escapa por la ventana).*

TELÓN

ESCENA SEGUNDA *(Lalova, Aigor, el conde, Basilisca, Pelelov, Candidovich y Pimpollova. Entran en la habitación del castillo Lalova y Aigor, Lalova lleva agarrado de una oreja a Aigor).*

Lalova:

¡Serás rastrero!, sabía que te iba a encontrar en el hueco de la escalera, escondido como una rata miserable, en vez de defender a tu señor.

Aigor:

¡Ay, ay! ¡Suelta, que me la arrancas! ¿Mi señor?, ¿dónde está mi señor?, yo no lo veo.

Lalova:

Habrá ido a prepararse para dar batalla.

Aigor:

¿Y a ti que te ha dado ahora con proteger a ése y sus miserias? Por culpa del señorito van a lincharnos, y él desaparecido.

Lalova:

El castillo es nuestro hogar, ¡hay que defenderlo!

Aigor:

Que lo defienda su excelencia, yo pienso rendirme a la primera.

Lalova:

Si son tres mindunguis y la Basilisca.

Aigor:

Pues eso…, la Basilisca… la Basilisca… ¿entiendes?, ¡tú no la has visto cabreada!

Lalova:

El señor ha ordenado que encabeces la

resistencia, así que baja al patio para pelear como un hombre.

Aigor:

Ya... eso..., el Aigor baja al patio y se deja descuartizar y mientras el señorito se esfuma bonitamente. Pues sabes que te digo..., que ¡verdes las han segado!

Lalova:

En estos casos siempre debe haber alguien dispuesto a sacrificarse para salvar al resto.

Aigor:

Y tengo que ser yo, el tonto del castillo ¿no?, porque tú, con montarte en la escoba y echar a volar por la ventana salvas el pellejo.

Lalova:

¡Imbécil! Yo nunca he volado en escobas.

Aigor:

Pues podías haber aprendido. Mira que bien te hubiera venido ahora.

Lalova:

En cuanto venga el señor le voy a contar tu bajeza.

Aigor:

¡Ahora mismo va a venir el señorito! en eso está pensando... Ése va ya camino de Budapest, en vuelo directo.

Lalova:

(Se acerca a la ventana) ¡Mira, mira! por tu culpa esa gente ya ha entrado en el castillo, ya suben, ¡estamos perdidos!

Aigor:

A mí no me eches la culpa, la culpa es de quien es, del amo, que es un vicioso, picando de moza en moza, al final mira lo que pasa... Si ya sabía yo que tarde o temprano...

Lalova:

¿Y qué vamos a hacer? ¡Nos van a linchar!

Aigor:

A mí no creo, saben que yo sólo soy un

mandao.

Lalova:

Si no pillan al amo, a alguien tendrán que descuartizar.

Aigor:

A ti misma.

Lalova:

Yo soy mujer y queda feo.

Aigor:

También es verdad. ¡Huy, que mal cuerpo se me está poniendo!

(Entra un murciélago gordo por la ventana, es el conde, que adopta su forma humana en un rincón de la habitación)

Lalova:

¡Es el amo, es el amo! ¡Viene a socorrernos!

El conde:

(El conde se viene quejando y dolorido) ¡Ay, ay! ¡Maldita chusma! Han subido hasta el palomar y al ver un murciélago más calvo que los demás se han

mosqueado y me han descubierto. La Basilisca me ha dado con el rodillo, aquí, en todo el lomo. ¡Ay, ay! Vengo medio lisiado... Aigor, patán..., ¿qué haces aquí todavía?, ¡ya estás yendo a enfrentarte con esa canalla!, a vengar semejante afrenta...

Aigor:

(*Aparte*) ¡Bufff! Menos mal que está éste aquí, mientras que se ceban con él yo me escabullo.

El conde:

¿No me has oído?

Aigor:

Sí, sí, pero al menos déjeme usted una espada, aunque esté mellada, no voy a ir a pecho descubierto.

El conde:

Según bajas, pásate por la armería del castillo, allí están las armas de mis antepasados, cubiertas de gloria de cuando lucharon contra los turcos.

Aigor:

Y un escudo también me haría falta.

El conde:

Allí hay de todo… ¡busca!, ¡pero date prisa, so burro!

Aigor:

Señor… casco… ¿habrá alguno?

El conde:

¡Toma casco! *(le pone el orinal en la cabeza)* ¡Qué corras…, se acaba el tiempo!

Aigor:

Y digo yo… el señorito… ¿no me podía echar una mano…? con esos poderes tan grandes que dice que tiene.

El conde:

¡Pero tú estás tonto! ¿Dónde has visto que un noble riña con gente villana? Los nobles sólo luchan con los nobles y los villanos se apalean entre ellos.

Aigor:

Ya…, pues los villanos de aquí bien que apalean nobles, como habrá notado en sus costillas, y el señorito, para otros menesteres, no es tan milindris,

siendo las mozas tan rústicas como son.

El conde:

Bueno, bueno, no vamos a discutir esos detalles ahora, y para que veas que tienes todo el apoyo de tu señor, lo que voy hacer es dirigir la estrategia de tu ataque desde aquí.

Aigor:

¿Pues ya me dirá como oigo sus explicaciones con todo el follón de la batalla?

El conde:

No te preocupes, ya daré yo grandes voces.

Aigor:

Esto…, se me ocurre que… para qué vamos a hacer sangre, bien pudiera el señor hacer las paces con la Basilisca, algo habrá que la amanse, una buena dote de quince o veinte cochinos por su hija, todo es hablar.

El conde:

¡Aigor, maldito! ¿De dónde saco yo quince o veinte cochinos? ¡Pregúntale si se conforma con un cabestro como tú! ¡Anda!, tira para abajo ¡ya!, y defiende a tu señor por la fidelidad que le debes (*saca a*

Aigor a empujones de la habitación).

Aigor:

Vale, vale… pero ya sabe lo poco que a mí me gusta reñir…

Lalova:

¡Hala, valiente…! ¡Si te entra otro apretón, ya llevas el orinal!

El conde:

¡No me fío nada de ese necio! A los cinco minutos de luchar, se rinde, ¡seguro!

Lalova:

¿Ése luchar…? No lo verán estos ojos que se han de comer los gusanos.

El conde:

No, si ya sabía yo que me salía rana… cría cuervos…

Lalova:

¿Y ahora qué hacemos, amo? ¡Esa gente ya está aquí!

El conde:

(*Echándose mano a las costillas*) Por el dolorcillo, me da a mí que alguna costilla debo tener rota del rodillazo de Basilisca y así no puedo echar a volar. Yo me escondo en mi caja y tú los entretienes. Diles que no sabes dónde estoy.

Lalova:

Ya me dirá el señor cómo los entretengo.

El conde:

Ofréceles té y pastas, ¡coño!, todo se me tiene que ocurrir a mí.

Lalova:

¿Pero qué té y qué pastas?, si aquí no hay de nada.

El conde:

(*Ya metido en la caja*) Pues improvisa y cierra la caja, ya los oigo ahí mismo.

Lalova:

¡Ay señor, señor! a mi edad y metida en estos líos...

(*Se oyen gritos desde fuera. Basilisca: ¡Mirad quién está escondido en el hueco de la escalera! ¡Ven aquí, salao! Aigor:*

¡Piedad, yo soy un madao!)

Lalova:

¡Ya le han echado el guante a ese cagón!

(Se oyen gritos de: ¡Muerte al conde, muerte al conde! y tras un gran estruendo, entran en tropel en la habitación Basilisca, Aigor, Pelelov, Candidovich y Pimpollova)

Basilisca:

(Entra agarrando con una mano la oreja de Aigor y con la otra blandiendo el rodillo de amasar) ¡Muerte al conde! ¡Muerte al conde!

Pelelov:

¡Yo... lo que diga mi señora!

Candidovich:

(Después de recibir un codazo de Pimpollova) ¡Eso, eso, muerte al conde!

Pelelov:

¡Muerte al conde, muerte al conde!

Candidovich:

¡Muerte al conde, muerte al conde!

Basilisca:

¡Ya vale, coño, parecéis loros!

Pelelov:

No sabe uno cómo hacer.

Basilisca:

(Refiriéndose a Aigor) ¿A quién se le ha perdido este valiente que estaba escondido debajo de la escalera?

Aigor:

¡Ay, ay! Señora, sería tan amable de soltarme la oreja, me parece que se va a quedar con ella en la mano.

Basilisca:

Tu oreja se la voy a echar al cocido, ¡gusano!

Lalova:

(Desde la esquina donde se ha refugiado) Ese valiente para quien lo quiera, de regalo.

Basilisca:

¡Pero..., mira a quien tenemos aquí! Lalova... Cuantos años sin verte por la aldea ¿verdad?

Lalova:

Sí, es que para hacer los recados me pilla muy lejos.

Basilisca:

Vaya, vaya, parece que la señora tiene ganas de cachondeo... ¡eh! ¿Tú no te escondes debajo de la escalera como esta sabandija *(señalando a Aigor)*?

Lalova:

¿A qué habéis venido?, el señor no recibe sin cita previa.

Aigor:

¡Madre, la que se va armar!

Basilisca:

¡Sí recibe, va a recibir lo que se merece! ¿Dónde está tu amo? ¿Dónde se esconde esa alimaña?

Lalova:

Ha salido a despachar un asunto urgente.

Basilisca:

Ése no puede andar muy lejos, porque lo he dejado

medio tullido en el palomar. ¿Dónde está?

Lalova:

El señor no da explicaciones al servicio sobre sus idas y venidas.

Basilisca:

¡Mira que me estoy cabreando! *(Señalando a la caja de cartón)* ¿Qué hay en esa caja?

Aigor:

Ahí..., ahí guardamos las morcillas después de la matanza.

Pelelov:

¡Humm, morcillas! ¿De arroz o de sangre?

Aigor:

Aquí siempre de sangre, son las favoritas del señorito.

Lalova:

(A Basilisca) Si quieres dejar algún recado para el señor, yo se lo daré. Aigor os acompañará hasta la puerta.

Aigor:

¿Qué? Yo no, ni hablar, dimito de criado.

Basilisca:

Tendrá cara esta tía…, ¿de qué vas?, yo me sé muy bien tu historia, vieja bruja, te viniste aquí huyendo de la quema porque te preñó el Vasili, así que no te las des ahora de señora del castillo.

Lalova:

Son cosas del pasado, íbamos a casarnos, aquello fue un acto de amor.

Basilisca:

¡Qué coño acto de amor! Tú no eras más que un zorrón desorejado y acabaste en este tugurio escapando del Qué dirán.

Lalova:

Porque el Vasili se hizo el loco.

Basilisca:

Claro que se hizo el loco, ¿cómo no se iba a hacer el loco con tu reputación? No sabía si el niño era suyo, del boticario, del sereno o de mi primo.

Lalova:

Todo habladurías, por envidia.

Basilisca:

Envidia, ya, ya... Y tu hijo... ¿dónde está? ¿Qué ha sido de él?

Lalova:

Está en Budapest. El conde le paga los estudios.

Basilisca:

¡No mientas! ¿Ese tío roña pagándole los estudios...? si no tiene dónde caerse muerto. Seguro que se lo entregaste para que le chupara la sangre y te dejara quedarte aquí.

Lalova:

Cuando yo llegué al castillo, el señor gozaba de buena posición económica y fue muy generoso conmigo y con mi hijo.

Basilisca:

¡Ah! ¡Claro! Generoso con tu hijo para irlo cebando y contigo porque desde entonces te dedicaste a calentarle la cama al monstruo ¿no?

El conde:

(Desde el interior de la caja) ¿Pero qué dice esa señora? Faltaría más, yo liado con semejante callo, ¡pues sí!, hasta ahí podíamos llegar...

Lalova:

¡Tonto!, le ha perdido el orgullo.

Basilisca:

¡Vaya, vaya! Ya apareció la rata, escondida en su madriguera.

Pimpollova:

¡Qué poco glamour el del conde!

Candidovich:

(A Pimpollova) ¡Oye!

Basilisca:

(Levantando las solapas de la caja) ¡Sal de ahí, miserable!

El conde:

¡No!

Basilisca:

¡Qué salgas, por las buenas o por las malas!

El conde:

¡Qué no salgo!

Basilisca:

(A Pelelov) Ven aquí, alelao, y echa un puñado de ajos dentro de la caja del monstruo, verás tú si sale.

Pelelov:

(Se acerca a la caja y deja caer dentro unos cuantos ajos) Yo te bautizo in nomine patris, et filii et...

Basilisca:

(Le interrumpe) Te quieres callar, tarugo, que esto es serio...

Pelelov:

¡Jesús, qué genio!

El conde:

(Sale de la caja de repente, sacudiéndose la ropa) ¡Agggg! ¡Malnacidos! ¡Asesinos!, ¡me queréis envenenarrrr!

(Basilisca echa mano al conde por el cuello y lo obliga a sentarse en una silla, amenazándolo con el rodillo)

Basilisca:

¡Siéntate aquí, gusano, y confiesa antes de morir!

El conde:

Señora, yo no me puedo confesar, soy un muerto viviente y ese sacramento va contra mis principios.

Basilisca:

Quiero decir que reconozcas tus fechorías.

El conde:

Fechorías… ¿qué fechorías…?

Basilisca:

De sobra lo sabes… lo que le has hecho a mi hija.

El conde:

¿Tan grave es la cosa?

Basilisca:

Pimpollova, hija, ven aquí y cuéntanos lo que te hizo este pervertido.

Aigor:

¡Eso, que cuente, que cuente…!

Lalova:

¡Cuanto cotilla!

Candidovich:

A ver, a ver, ¡eh!…, sin entrar en detalles.

Pimpollova:

Sí…, bueno…, no sé…, es que yo… estaba muy excitada.

Candidovich:

¿Excitada? ¿De qué excitada…?

El conde:

Pimpollova, mujer, cuéntales la verdad, que fue un mordisquito de nada, ni medio litro, y el bautismo del vampiro, eso sí.

Candidovich:

¿Qué es eso del bautismo del vampiro?

Basilisca:

(Dirigiéndose al conde) ¡Vicioso degenerado! ¿Ya se te ha olvidado que también la desfloraste?

El conde:

¡Eh! ¿Queeeé…? ¡Yo no, ni de coña!

Basilisca:

(Apuntando al conde con el rodillo) ¡Sí! ¡Le robaste la honra, cabronazo!

El conde:

¡De eso nada! ¡Aquí hay gato encerrado!

Candidovich:

Gato, no sé, mucho zorro es lo que hay.

Basilisca:

¡Vas a pagar con la vida esa afrenta!

El conde:

Oiga, señora, mire a ver lo que va a hacer, que yo soy inocente.

Candidovich:

(Enseñando la estaca) ¡Esta estaca pide justicia!

Pelelov:

¡Mira el Candidovich!, qué echao palante de repente.

Basilisca:

(Al conde) ¡Pórtate como un hombre y reconoce tus maldades en la hora final!

El conde:

A ver, señora, yo no quería sacar este tema tan delicado, pero visto el percal… le voy a contar una intimidad… esto… es que… pues que… a los muertos vivientes no se nos pone, sabe usted, así que mal puedo yo desflorar a nadie.

Aigor:

Tanto presumir, tanto presumir y mira lo que cuenta ahora…

Basilisca:

¡Pimpollova…!, ¿qué dices tú de eso?

Pimpollova:

¡Eh! ¿Qué?

El conde:

(Señalando a Candidovich) Señora, pregúntele a ése. Mire como ahora se calla como una puta.

Candidovich:

(Gritando) ¡Suegra, a por él! ¡Muerte al conde! Hay que cerrarle la boca al monstruo, ¡nos quiere embaucar con su palabrería!

(Candidovich se abalanza contra el conde estaca en mano y junto con Basilisca lo tiran al suelo)

El conde:

¡Noooo! ¡Noooo!

Basilisca:

(A Pelelov) Tú, memo, ven aquí a echar una mano, ¡pasmao!

Pelelov:

(Sujetando al conde por las piernas) Si sé yo esto no vengo. ¡Qué sudada!

Basilisca:

(A Candidovich) Apunta bien la estaca al corazón, mientras yo le endiño.

Candidovich:

Sí, sí, pero cuidado con el rodillo suegra, no me vaya a machacar un dedo.

El conde:

(Gritando y revolviéndose) ¡Asesinos! ¡Al final voy a ser yo el único normal entre tanto monstruo!

Pelelov:

(Mientras el conde patalea) Verás como me da una patada en toda la boca.

Basilisca:

(Levanta el rodillo para martillear sobre la estaca que sujeta Pelelov) No te gustaba a ti clavarle la estaca a las mozas, pues... ¡toma estaca!

El conde:

¡Noooo! ¡Qué yo sólo muerdo, no ensarto! ¡Aggggggggg!

(Repentinamente irrumpe Mostrenkova en la habitación)

Mostrenkova:

(*Gritando*) ¡Alto, madre, pare, pare! ¡Va a cometer una injusticia muy grande!

Pimpollova:

(*Sobresaltada*) ¡Eh! ¿De dónde sale ésta?

Basilisca:

¿Qué haces aquí, hija? ¿A qué has venido?

Mostrenkova:

Les he seguido desde casa, madre, porque la Pimpollova no es de fiar, es una embustera y una lianta. Cada vez que abre la bocaza es para soltar una trola.

Basilisca:

Hija… ¿cómo dices eso de tu hermana?, ¡explícate!

Pimpollova:

Madre, no le haga caso, está ofuscada porque no le sale novio.

Mostrenkova:

(*A Pimpollova*) ¡Mentirosa! (*A Basilisca*) Madre, mi

hermana se cree que soy idiota y me ha querido engañar prometiéndome un puesto en la corte del conde a cambio de que yo no contara que se la ha beneficiado el Candidovich, y así ella y ese bobalicón de novio que tiene se la colaban a usted, endosándole el muerto al pobre conde. ¡Estos dos quieren liquidarlo para tapar sus vergüenzas!

El conde:

(*Incorporándose*) ¿Un puesto en mi corte…? ¡Reina hago yo ahora mismo a esta moza!

Mostrenkova:

¡Huy, que señor tan distinguido! Le tomo la palabra.

Basilisca:

(Muy entadada y amenazante) ¡Pimpollova! ¿Es verdad lo que dice tu hermana? (*Candidovich se dirige sigilosamente hacia la puerta*) ¡Tú! ¿Dónde vas? ¡Ni te menees de ahí!

Pimpollova:

(*A Mostrenkova*) ¡Eres una fullera! Como estás encelada no sabes lo que dices.

Basilisca:

¡Pimpollovaaaa...! ¿quién ha sido el que te ha deshonrado?

Aigor:

Detalles... detalles...

Pimpollova:

El conde, sí..., no..., puede..., no sé... Luego vino el Candidovich, a río revuelto...

Basilisca:

¡Me cago en el desgraciado de tu padre! Si es que te tenía que haber atado en corto.

Pelelov:

¡Hala!, la mierda para mí.

Pimpollova:

(A Mostrenkova) Ya ajustaré cuentas contigo, ya...

Mostrenkova:

Te creías que me iba a quedar esperando en casa ¡eh!... ja, ja...

El conde:

Yo... ¿me puedo ir ya?

Aigor:

Y yo, y yo...

Basilisca:

(Amenazante) Yo no he subido hasta aquí para nada, matanza va haber de todas, todas...

Pelelov:

Con esta mujer está visto que esto no puede acabar bien, ¡bufff!

Basilisca:

Marido..., quítale la estaca al novio, que le vamos a leer la cartilla al conde primero *(empuja al conde contra el suelo y lo vuelve a tumbar).*

Candidovich:

(Asustado) ¿Y segundo?

Pelelov:

(Se acerca con la estaca) Mira mujer, a mí me tiembla el pulso con estas cosas...

El conde:

¡Oiga, pero no habíamos quedado en que yo no!

Basilisca:

(Al conde) Tú sí... ¡por crápula!, y si encima resulta que no se te pone... ¡por gilipollas! *(A Pelelov)* Apunta y sujeta bien, que esta vez es la buena *(empieza a aporrear la estaca).*

El conde:

¡Nooooo, justicia..., nooooo!

Pelelov:

Ya te has salido con la tuya, ¡vaya espectáculo!

Basilisca:

¡Hala! Me ha salpicado toda, pero éste ya no le pica a nadie más. ¡Que se lo lleve el diablo!

Aigor:

Al señorito le ha tocado el gordo, ahora viene la pedrea...

Candidovich:

¡Muy bien, suegra!, ya está vengado el honor de la

Pimpollova.

Basilisca:

(*Mirando fieramente a Candidovich*) No, todavía, no. Tú, ven para acá, que hay más premios...

Pimpollova:

¡Madre! Mi Candidovich no...

Basilisca:

Tu Candidovich ¡sí! (*A Pelelov*) ¡Tráete la estaca del conde!

Pelelov:

(*Intentando desclavar la estaca del cuerpo del conde*) No la puedo desclavar. Se ha quedado incrustada entre dos costillas y hasta que éste no se convierta en polvo no hay quien la saque. Se ve que va con retraso.

Candidovich:

(*Sobrecogido*) Suegra..., mujer, acuérdese de la dote. Si para purgar un pecadillo hay que renegociar, pues se renegocia lo que haga falta.

Basilisca:

Bueno, bueno, a ver... ¿de cuantas vacas habíamos

hablado?

Candidovich:

De diez.

Basilisca:

¿Y?

Candidovich:

Que sean quince.

Basilisca:

¡Cómo! Éste dice que un virgo vale más *(le enseña el rodillo).*

Candidovich:

Pues veinticinco.

Basilisca:

¡Hecho! Y cochinos... ¿en qué habíamos quedado?

Candidovich:

Pues visto lo visto, para qué discutir. Que sean cincuenta.

Basilisca:

¡Ahí, ahí!, parece que ya se me va pasando el disgusto. Pero hasta la boda, ni tocarle un pelo ¡eh!

Candidovich:

Ni un pelo, ni medio, cualquiera... ¡pufff!

Lalova:

(Desde un rincón de la habitación junto a Pimpollova) Pobre amo, al final, al más tonto se la han metido doblada.

Pimpollova:

¿La estaca?

Lalova:

Tú bien sabes a qué me refiero.

Pimpollova:

Ciertamente, toda comedia esconde su particular tragedia. Alguien tiene que pagar los platos rotos.

Lalova:

Por cierto, así, entre nosotras, sólo por curiosidad... ¿quién fue el que rompió tu plato?

Pimpollova:

(Se coloca el dedo índice sobre los labios) ¡Pssssssss!

TELÓN

ESCENA TERCERA *(Mostrenkova, Pimpollova y Candidovich. Candidovich y Pimpollova están sentados junto a la mesa y Mostrenkova se encuentra barriendo con una escoba los restos del polvo en que se ha convertido el conde al morir).*

Mostrenkova:

(A Pimpollova) ¡Mira lo que has conseguido! Menuda polvareda ha liado el conde al morir.

Pimpollova:

¿No querías conde? Pues ahí lo tienes, ya te lo puedes llevar para casa.

Mostrenkova:

Por tu culpa éste va a ser el único polvo del conde que voy a conseguir.

Pimpollova:

¿Qué más quieres? Lo metes en una urna y tienes

conde para toda la vida.

Candidovich:

Pues bien mirado, esto de que cuando palma definitivamente un muerto viviente se convierta en polvo es una ventaja, debería ser así para todo el mundo, pasas la escoba, llenas la urna con los restos y te ahorras un dineral en gastos de funeraria.

Mostrenkova:

¡Siempre has sido una egoísta, hermana! Lo que no es para ti, no es para nadie.

Pimpollova:

(*Se encoge de hombros*) Te han tocado las sobras... ¿te parece poco?

Mostrenkova:

Yo hubiera sido reina si tu novio no azuza a madre para salvar el pellejo.

Pimpollova:

Anda, anda... ¡atontada, que te lo crees todo! Ya irás conociendo a los hombres, ya...

Mostrenkova:

Me tienes pelusa… ¡El conde, en cuanto me vio, se enamoró!

Pimpollova:

El conde, en cuanto te vio, se agarró a un clavo ardiendo, ¡boba!

Mostrenkova:

Yo podía estar ahora en brazos del conde…

Pimpollova:

Más bien en sus fauces.

Mostrenkova:

¡Mentirosa! El conde tenía hechura de galán y de caballeroso.

Pimpollova:

Bueno… con sus defectillos, en el fondo, no era mala gente, y aunque no te lo creas, a mí también me da un poco de pena cómo ha acabado el hombre.

Candidovich:

¡Qué dices! Con él desaparece toda esa maldita

raza de los Dracul.

Pimpollova:

Nunca se sabe...

Mostrenkova:

Ahora te pena ¿no? ¡Pues a mí me has dejado toda rabiosa!

Pimpollova:

Pues te jodes, y no me enciendas más que no sé por qué, me estoy acalorando.

Mostrenkova:

No me asustas.

Pimpollova:

¡Anda!, marcha por ahí a ayudar a madre a saquear el castillo y piérdete, que de aquí a poco no respondo.

Mostrenkova:

Me voy..., *(poniendo voz de burla)* "no te tengo miedo, no te tengo miedo". Que te aproveche tu novio relamido *(sale de la habitación)*.

Pimpollova:

¡Huy...! de la que se ha librado ésta.

Candidovich:

Haya paz entre hermanas... hasta tu madre se ha apaciguado, fíjate..., ha dicho que se va a llevar a Lalova a casa, de chacha, para que por lo menos coma caliente, y al Aigor de porquerizo, con eso de que le va aumentar la piara.

Pimpollova:

¡Bufff!, a ver lo que duran. Conociéndola, en dos días salen de allí haciendo fu como el gato.

Candidovich:

Además, algo en limpio sacará de aquí, con el rato que llevan desvalijando el castillo.

Pimpollova:

No sé por qué, pero a mí, por momentos, me va gustando este palacio, con su olor a humedad, con esos pajaritos negros tan monos...

Candidovich:

Mira que te veo rarita últimamente. Este sitio es de

lo más siniestro, ¿no ves? tú... ni siquiera tienes sombra.

Pimpollova:

Sí, ¡qué curioso!

Candidovich:

¡Oye!, ahora que se me ha venido a la memoria... ¿a qué se refería el conde con eso del bautismo del vampiro?

Pimpollova:

Ni idea..., alguna ocurrencia suya..., será jerga de los no muertos.

Candidovich:

Pimpollova... otra cosa, hace días que no te veo puesto el colgante con el crucifijo que te regalé. ¿Ya no te gusta?

Pimpollova:

Sí, sí, no te quería decir nada para que no te enfadaras, pero es que el martes, mientras le echaba de comer a los cerdos, se me perdió en la pocilga.

Candidovich:

Bueno, no pasa nada, y cambiando de tema..., ya sabes tú que yo siempre te veo guapa, pero llevas unos días que te encuentro muy pálida, ¿andas con la regla?

Pimpollova:

¡Qué va! Seguro que me he pasado empolvándome, porque en el espejo no me veo nada bien últimamente.

Candidovich:

Cariño..., y esos ojos enrojecidos... ¿por qué? Te ha impresionado todo este espectáculo, ¿verdad?

Pimpollova:

¡No!, es que se me ha metido un bicho y me los he restregado.

Candidovich:

Mi amor..., me vas a decir que soy un pesado, pero me pica la curiosidad por saber cómo puede ser que esos colmillos tuyos tan blancos te hayan crecido de ayer a hoy.

Pimpollova:

Mira..., tú no has oído nunca ese dicho que dice que la curiosidad mató al gato, pues entérate que estos colmillos míos tan blancos son para chuparte la sangre mejor. ¡Ven para acá capullo! *(Se le abalanza al cuello y le muerde)*.

Candidovich:

¡Noooooo! ¡Agggggggggg!

FIN

9 788469 782576